Fleurs pressées

美しい押し花図譜

梶谷奈允子

Introduction

押し花はだれでも小さいころに一度はしたことがあるでしょう。
野原で四つ葉のクローバーを見つけたとき、
「あ、幸せが舞い込んでくる！」と、
胸を躍らせて本の間に入れておくと、
いつの間にか押し花に。
それを手に取ると、
なぜかハッピーな気持になったものです。

私が花のお仕事をするようになって
最も多く関わったのがウエディングでした。
その中でも花嫁さんが手にするブーケは、
華やかで美しく、特別なものです。
あるとき「このブーケをずっと思い出に残したい！」というご依頼があり、
花束の中にある花を押し花にして額に入れ、
1枚の絵にしてお届けしました。
花嫁さんはとても喜んでくださり、
これを機にブーケを押し花にした
"フルールプレッセ"の制作を始めました。

押し花は野草でも切り花でも作れるので、
だれでもチャレンジできます。
額に入れて絵を描くようにレイアウトすれば、
インテリアにも映えます。
花を廃棄しなくてもいいのでサスティナブルでもあります。
まずはお気に入りの植物を見つけて、
押し花の魅力をご自分の目で感じていただければ幸いです。

zero two THREE 梶谷奈允子

Sommaire

Toute l'année
通年の押し花

Printemps
春の押し花

Eté
夏の押し花

Automne
秋の押し花

Bases
押し花の基礎知識

＊本書で紹介する押し花は、野草と市場で流通しているものが混在しています。
　そのため、季節を厳密に分けられないものもあります。

＊引用符「' '」内の名称は品種名を示しています。

Toute l'année

通年の押し花

お花屋さんの店頭にはいつでも手に入る花がたくさんあります。
ここではあえて季節に分けなくても入手可能な花を中心にご紹介します。
花束やアレンジメントに入っていたら、ぜひ押し花にして楽しんでください。

バラ ʻブルゴーニュʼ

ブライダルで人気の白バラ。
花びらは少なめでカップ状です。
花が咲ききったところで押し花にするときれいな仕上がりになります。

バラ'ロワイヤル'

絹のような質感で上品なオールドローズを思わせる佇まい。
香りが漂うのも魅力です。
これも花が咲ききったところで押し花に。

バラ'イブ ピアッチェ'

優雅で妖艶さを秘めた深いボルドー色のバラ。
花びらがたくさん重なっていますが、
花が咲ききったら真上から押して。

バラ 'ガーネットジェム'

丸みを帯びた花びらが幾重にも重なり、
色は深みのある濃紅色。
これも花が咲ききったところで押します。

バラ 'デザート'

アンティークな雰囲気が漂う人気のバラ。
白〜ベージュ〜薄ピンクの微妙なグラデーションが織りなす美しい花姿です。
これも花が開ききってから押すのがポイントです。

ガーベラ

細長い花びらを水平に咲かせる花姿が特徴で、種類が豊富です。
写真左はスパイダー咲きの大輪、右は少し珍しいつぼみのガーベラ。
お花屋さんで見つけたらぜひチャレンジしてください。

宿根スターチス

薄紫色の小花をたくさんつけたボリューム感のある花。
品種は'ブルーファンタジア'。スプレー状に咲くので、
花枝を同じ長さに切りそろえて押し花にするといいでしょう。

カーネーション

花びらが簡単に1枚ずつはがれるので、
ばらばらにして押し花にしても。
こうするとレイアウトがしやすくなります。

ビバーナム・ティナス

光沢のある濃い紫色の実が特徴です。
実がついた枝を押し花にすると、
アクセントになってバランスのいい仕上がりになります。

バーゼリア

丸い実がユニークな南アフリカ原産のバーゼリア。
写真は'バラセア'という品種。
個性的な草姿ですが、クリスマスリースなどに活躍する人気の花材です。

コチョウラン

艶やかで気品高いランの一種。
花に傷をつけないようにていねいに押すと、
花姿がきれいに仕上がります。

26

デンファレ

ランの中でも比較的安価に購入できるデンファレ。
色もピンク系やパープル系など豊富ですが、これはグリーン。
ランの中では花が小さめで水分が少ないので押し花向きです。

オンシジウム

華やかな黄色い花がたくさんつく洋ランです。
ひとつひとつの花に表情があるので、バラして押し花にするのがおすすめ。
並べて額に入れるとずっと眺めていたくなる作品になります。

アンスリウム

大きな葉に見えるのは仏炎苞（ぶつえんほう）。
花は穂につきますがよく見えません。
1枚だけでも存在感のある押し花です。

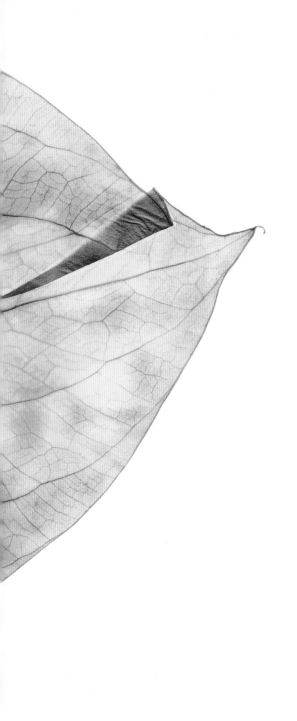

シダ

シダと分類される植物は種類が豊富で、それぞれ葉の形が異なります。
写真左はシースターファン、右はリュウビンタイ。
シースターファンは葉がバネのように曲がるのでおもしろい動きを演出できます。

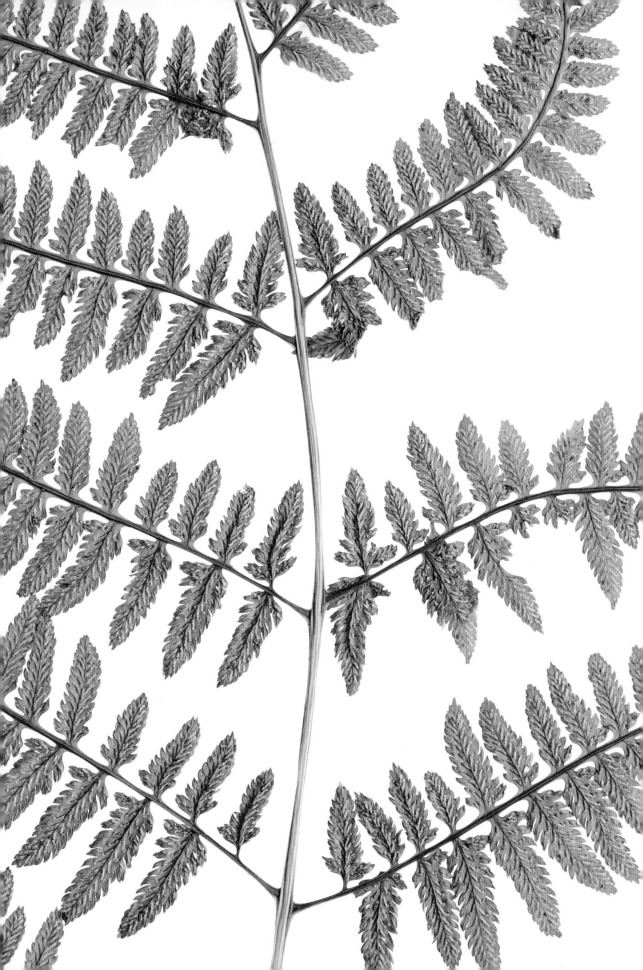

アジアンタム

時間とともに葉色が変化していきます。
これは押し花にしてから半年後。
額中で緑〜茶色の色みがレイアウトできるのが楽しい。

ワイヤープランツ

名前の通り、細い針金（ワイヤー）のような茎が特徴の観葉植物。
茎についているまあるい小葉がかわいいので、
そのまま飾ったり、他の花と合わせてレイアウトするといいでしょう。

ローズマリー

これは花がついていませんが、青や紫色の花がつきます。
枝だけでも花がついた状態でも押し花にできます。
こすると清々しい香りがするハーブで、押し花にしてもその香りが漂います。

タイム

常緑小低木でハーブの一種。
小さな卵形の葉が対になって茎全体につきます。
春先〜初夏にかけて花が咲くので花といっしょに押し花にしてもいいでしょう。

ロシアンセージ

灰緑色で1枚の葉に多数の切り込みが入っています。
青紫色の小花が咲きますが、
押し花で楽しむなら花より葉のほうがおすすめです。

ロシアンオリーブ

オリーブに似たシルバーを帯びた葉が特徴のグミ科の植物です。
乾燥や寒さに強く、とても育てやすいので、
庭に植えたり鉢植えにしておくとすぐに押し花にできて便利です。

ヘンリーヅタ

お花屋さんで鉢物として売られているものを使います。
左側2本の押し花はどちらも表側。右上の生の葉は表側が緑色、裏側が赤紫色です。
飾るときに表と裏を並べて飾るといいでしょう。

ササ

七夕のときに活躍するおなじみのササ。
細長くて涼しげな趣があります。
押し花にするときは葉が折れないように気をつけましょう。

ユーカリ

シルバーがかったグリーンの葉が美しい。
種類によって葉の形が異なり、左はユーカリ・グニーという種類。
丸みを帯びた葉のフォルムを生かすように押し花にしましょう。

ユーカリ・ポポラス

切り花でも庭木としても人気のある丸葉のユーカリ。
丸葉の種類もたくさんありますが、これは枝分かれした茎に1枚ずつつくタイプ。
愛嬌たっぷりのまん丸な葉が絵になります。

グレビレア・バイレヤナ

エキゾチックな花が印象的ですが、葉も個性的。
葉の表は緑、裏は金色のバイカラーになっているのが特徴です。
手に入りにくい植物なので見つけたらぜひ。

ヒペリカム

枝分かれした茎の先端に赤い実がつくと可愛さがあふれます。
実がついた枝を押し花にしますが、
時間とともに実は黒く変化していきます。

レモンリーフ

レモンの形をした葉を楽しむ植物です。
きれいな形そのままを押し花にするのがポイント。
傷のない葉を選んでください。

スギ

クリスマスの時期になるとリースやスワッグ作りで活躍します。
形のいい枝を選ぶのがポイント。
ほかにゴールドクレストやモミノキでも同様にできます。

マツ

お正月の玄関飾りでおなじみの樹木。
針状の葉がたくさんついている枝を短く切って押し花にするといいでしょう。
くっついている2本の葉だけを押してもマツらしさがあふれます。

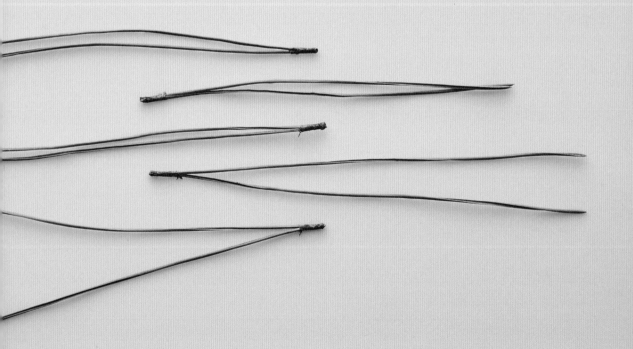

Printemps

春の押し花

春の花は華やかで明るい色のものがたくさんあります。
庭に咲いている花もお花屋さんで見つけた花も
押し花にして楽しみましょう。

チューリップ

色も種類も豊富で、一重咲きや八重咲きのものがあります。
八重咲きのものは花びらを手で広げて水から出し、
そのまま置いて少ししなびてから押すときれいに仕上がります。

パンジー

だれでも失敗なくできて、
きれいな色に仕上がります。
水分が少なく扱いやすいので初心者におすすめ。

スイートピー

みんなが知っているおなじみの花ですが、写真は染色液で染めたものです。
色が豊富なのでいろいろな色を押し花にしておくと、
飾る楽しさが広がります。

アイスランドポピー

小ぶりの花が風に揺れて春の訪れを知らせる花。
日本ではヒナゲシ、中国ではグビジンソウとも呼ばれます。
押し花にすると透ける花びらと茎についている産毛が魅力的。

サクラ

写真は切り枝で販売されることが多い啓翁桜。
最初はきれいなピンク色に仕上がりますが、次第にピンク色が抜けていきます。
これは押し花にしてから1年後のものです。

61

バイモユリ

先端がくるくると巻いた愛らしい葉が特徴です。
花と葉を別々に押し花にしておくと、
いろいろなレイアウトができます。

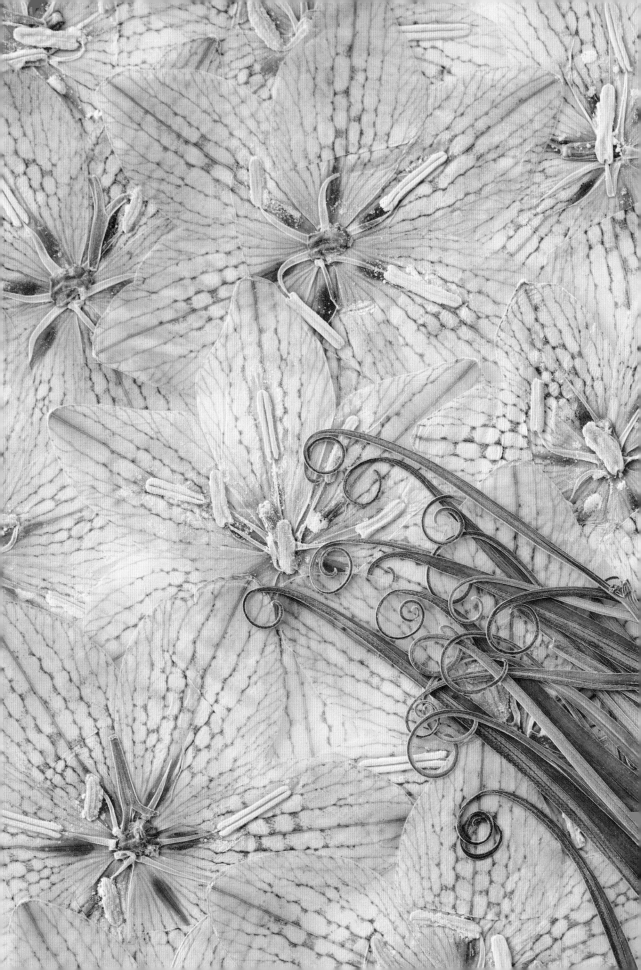

アネモネ

カジュアルでキュートな雰囲気を醸し出す花。
花びらに見えているのはがく片ですが、色が豊富です。
いろいろな色をそろえてカラフルな押し花を楽しみましょう。

ラナンキュラス

花色が多彩で、咲き方も一重咲き、カーネーション咲きなど豊富。
花びらの枚数が多いのが特徴ですが、
1枚1枚は薄いので、花の上から一気に押して丸い形にします。

ラナンキュラス（ラックス）

花びらが光ることからラナンキュラス＋ワックスでラックスという名がついた、
左の写真とは異なるシリーズ。
軽やかな印象のある花姿です。

オダマキ

長い茎の先端に4〜5cmの薄ピンク色の花をつけます。
外側の花びらのように見えるのはがくで、花は内側にあります。
草全体に有毒成分を含むので扱うときは注意しましょう。

オオデマリ

まん丸の真っ白な小花が咲く落葉低木。
形を生かして円状になるように押すのがポイント。
1輪だけでも迫力のある押し花ができます。

シロヤマブキ

枝先に花径3 ～ 4㎝の白い花が咲きます。
花が開いた状態で押すと4枚の花びらとおしべやめしべがしっかりと残ります。
花や葉の雰囲気がヤマブキと似ていますが別属です。

ヤマブキ

これは八重咲きですが、花びらが5枚の一重咲きもあります。
まん丸の形をそのまま生かすように、
重しをのせて押し花にするといいでしょう。

71

アルケミラ・モリス

花も葉も黄緑色を帯びた明るい印象の花です。
下方の葉は大きいので上方の小さな葉がついた茎をカットして。
星を散りばめたような小花は押し花にしても愛らしい。

ストロベリーキャンドル

クローバーの仲間で春になると茎の先に真っ赤な花穂を咲かせて目を引く花です。
花姿をそのまま押し花にするといいでしょう。
赤い色は時間とともにあせてきますが趣のある表情になります。

73

ヒヤシンス

茎が太くてそのままでは押し花にできません。
花だけを摘み取って押し花にすると、
1本だけでもいろいろな表情の花姿が楽しめます。

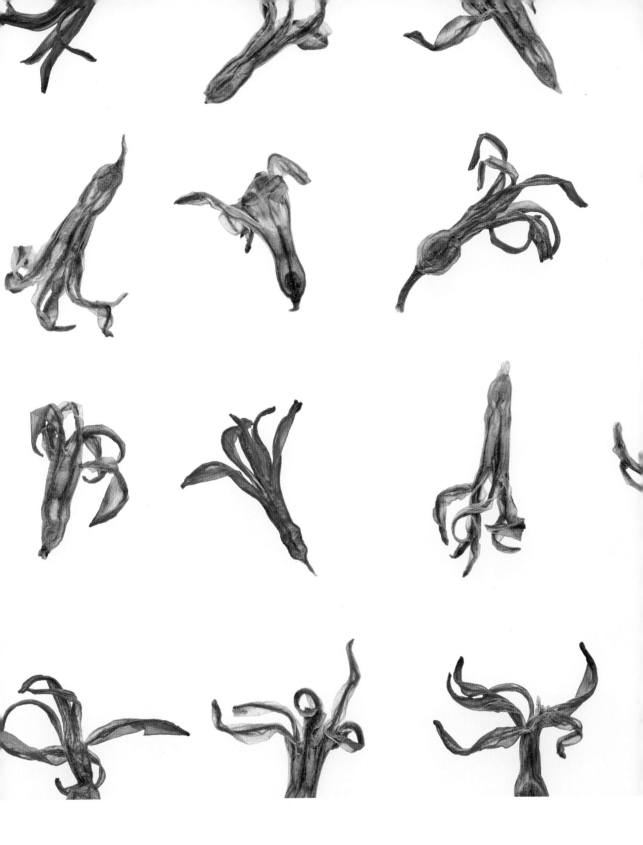

スイセン

水分が多い花なので、きちんと水分を取ることがきれいに仕上げるポイント。
色もきれいに残るのでおすすめです。
茎と花をつなぐ花柄（かへい）は折れやすいので注意しましょう。

マトリカリア

茎が細くて一重咲きの可憐な花。
フィーバーヒューの名でハーブとして出回ることもあります。
押し花にすると花姿がくっきりとしてかわいさがあふれます。

ヤグルマギク

茎は弱くて取れてしまうので花だけを押し花に。
上から押したり、横から押すといろいろな表情の花に仕上がります。
色も残るので額に入れると見応えのある作品に。

フランネルフラワー

手で触るとフランネルのような柔らかさがあることからこの名に。
白くてふんわりとした優しい花の表情を生かすように、
細い茎やつぼみをいっしょに押し花にするといいでしょう。

ギンヨウアカシア

一般的に「ミモザ」とも呼ばれ、3月頃に花を咲かせます。
シルバーがかった細くて繊細な葉が特徴です。
花と小枝を切り離して押し花にしました。

宿根スイートピー

別名サマースイトピーといいます。
花が小さめで野趣あふれる仕上がりに。
押し花にすると丸い粒状の種が花びらの中にくっきりと見えます。

コブシ

空に向かって紫色の花を咲かせる花木。
茎が太く花と厚みに段差ができるので、いっしょに押し花にするとうまくできません。
つぼみや花を分けて同じ厚みのもので行うときれいに仕上がります。

ハゴロモジャスミン

ピンク色のつぼみをいっぱいつけて白い小さな花をたくさん咲かせ甘い香りを漂わせます。
つる性で茎に動きがあるのでレイアウトのあしらいに。
84　これは茎と葉ですが花を押し花にするのもおすすめです。

フジ

つる性の植物で花が下に向いてかんざしのように咲きます。
花は上から順に咲き、4月中旬ごろが見ごろ。
つると花を別々に押し花にしてレイアウトしましょう。

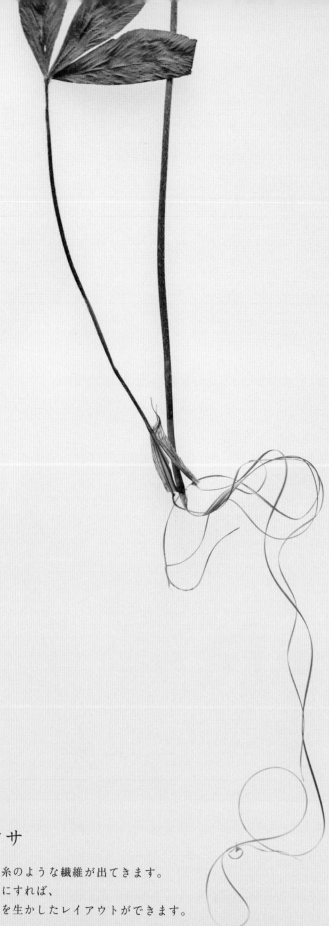

アカツメクサ

茎を手でちぎると糸のような繊維が出てきます。
この繊維も押し花にすれば、
動きのあるラインを生かしたレイアウトができます。

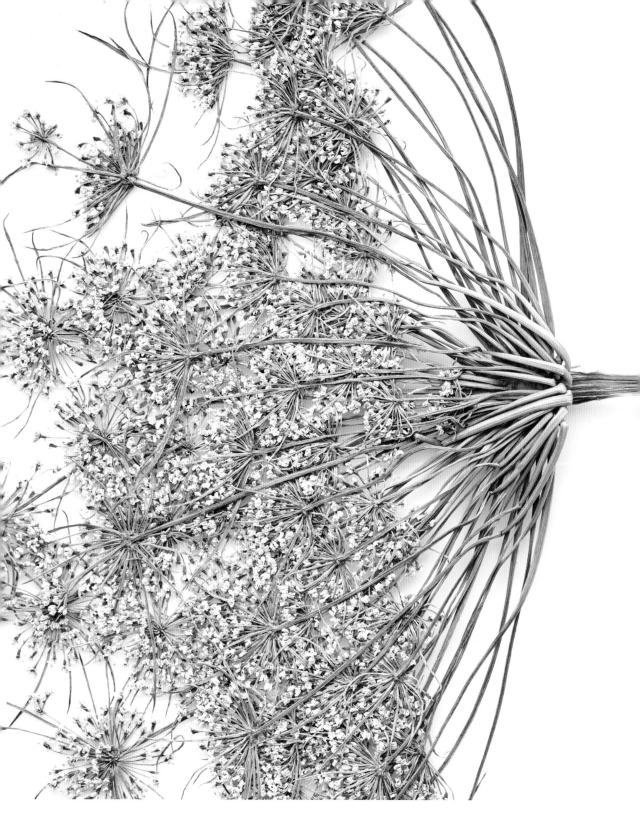

レースフラワー

茎から放射状に広がった先端に繊細な花がたくさんつきます。
写真右は花が終わったあと、タネがついた姿を押し花にしたもの。
1輪だけでもダイナミックさがあふれます。

ラベンダー

ラベンダーは切り花で販売される時期が短いので、
庭や鉢に植えたものを使うのがおすすめです。
花穂を壊さないように注意して一気に押しましょう。

ラベンダーセージ

長い花穂に小さな花がたくさんついて長期間楽しめます。
花穂を葉がついた状態でそのまま押し花に。
小さな花が平たい葉によく映えます。

93

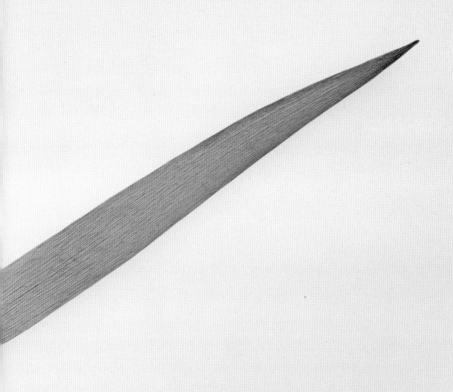

フリチラリア

茎の先端に鐘状の花を下向きに咲かせます。
スーッと伸びた葉といっしょに押し花に。
楚々とした花姿と茎のラインが絵になります。

ワックスフラワー

オーストラリア原産で生の花は名前のようにロウ質で光沢があります。
長く飾ったものを押し花にすると葉が取れてくるので、
なるべく新鮮なものを使ってください。

クリスマスローズ（一重）

花が少ない時期に庭を彩る花として人気。
シックで上品な色合いの花でこれは一重咲き。
花が咲ききったところで押し花にするときれいな花姿が楽しめます。

クリスマスローズ（八重）

こちらは八重咲きの花。
重なった花びらの濃淡や花の裏側のグリーンを合わせてレイアウトすると、
1枚の美しい絵に仕上がります。

ラムズイヤー／ダスティミラー

中央の平たい葉だけがダスティーミラーで、和名はシロタエギク。
どちらの葉も全体が産毛に覆われて、手で触るとふわふわとして柔らかい質感です。
押し花にするときは花穂や葉などを切り分けて。

ライスフラワー

米粒状のつぼみが先端にかたまってつくことからこの名がつきました。
押し花にするとコロコロと転がって落ちることがありますが、
それもレイアウトであしらえばアクセントになります。

アカシア・フロリバンダ

ササのような細葉が涼しげ。
花が終わったあとにつく小さな実がアクセントに。
表と裏で色が違う葉のレイアウトも楽しい。

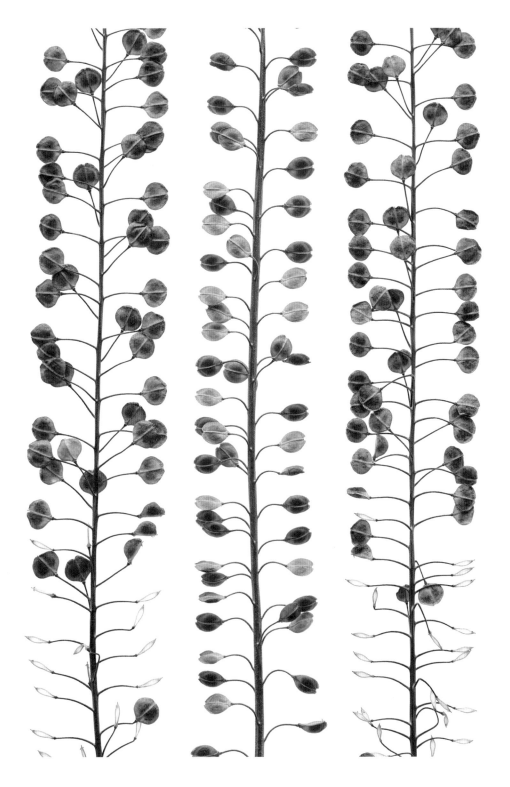

マメグンバイナズナ

ペンペングサと言われている身近なナズナではなく、市場で流通しているものです。
これは実の形が丸みを帯びた楕円ですが、道端で見かけるものは尖ったハート形。
いずれも水分が少ないので短期間で押し花にできます。

クローバー

幸運のシンボルと言われる四つ葉のクローバー。
4枚の葉には希望、信仰、愛情、幸福の意味があると言われています。
公園などで見つけたら迷わず押し花に。

エンドウマメ

食用にするのは種実ですが、押し花にするのは葉。
先端の細いひげは折れやすいので注意して。
もし折れてもレイアウトをするときにくっつければ大丈夫です。

Eté

夏の押し花

夏の花は厳しい暑さに負けないたくましいものや
涼を誘う涼しげなものまで多彩です。
花自体が美しいものは真上から押して花姿を生かしましょう。

アジサイ

枝つきでも花だけを切り離して押し花にしても素敵です。
左はアジサイで、ほかはガクアジサイ。
一気に押すと花びらがつぶれるので花と花の間にティッシュを入れて押しましょう。

アナベル

アジサイの仲間で、小さくて丸い愛らしい形が特徴です。
小花が集まって大きな花房になります。
つぼみはグリーンで花が咲くと白色に、その後再びグリーンに変化します。

カシワバアジサイ

カシワの葉と似ていることからこの名がついたそう。
縦長のピラミッド状に小さな花がたくさんつきます。
小ぶりの花を選ぶのがきれいに仕上げるコツです。

マリーゴールド

フレンチやレモンなどを冠する
いろいろな種類がありますが、
これはアフリカンマリーゴールド。
一見厚みのある花に見えますが、
重しをのせるとすぐに平らになるので、
押し花にしやすい花です。

ヒマワリ

草丈30cmくらいの矮性種のものがおすすめ。
映画に出てくるような高性種のヒマワリは押し花には不向きです。
一重咲きや八重咲きのものを選んで花だけを押し花にしましょう。

ルドベキア

真夏の炎天下でも花を咲かせる強さを秘めた花です。
コンパクトな花なので押し花向き。
花びらがピンとしている新鮮な花を選びましょう。

エリンジウム

ユニークな花姿が印象的で、これは'ブルーグリッター'という品種。
花を囲むようについている葉は総苞（そうほう）と呼ばれます。
押し花にしても色の妙が楽しめるのでぜひお試しください。

デルフィニウム

花の咲き方は大きく分けて3つ。
花穂状に花が咲くもの、スプレー状に枝分かれして花を咲かせるもの、その中間のもの。
それぞれに魅力的なので、いろいろな種類にチャレンジしましょう。

ミント

葉は料理やお菓子に使われ、清涼感のある香りが人気。
穂状に小さな花をつけるので、
草姿をそのまま押し花にすると自然の風合いが漂います。

メドーセージ

茎の上部に深い青〜紫色の小花を穂状に咲かせます。
花の形は唇のような形をしていて個性的。
時間とともに花色は濃くなり、葉は緑から茶色に変化します。

ケイトウ

鶏のトサカに似ていることから名づけられた花。
もこもことした大きな花は押し花にはできません。
小さいわき芽を選んで押すのがコツです。

スカビオサ

マツムシが鳴くころに咲くことから和名はセイヨウマツムシソウ。
80種以上ありますが、これは左上と一番下が'アルバ'、中2つが'アメジスト'。
花が小さいので花びらが自然に重なるように押すのがポイントです。

クレマチス

つる性植物の女王とも言われる優美な花が印象的。
花姿を壊さないように注意しながら、
真上から一気に押しましょう。

カラー

春も夏も豊富に出回りますが、
押し花に向いているのは、夏に出回る畑地性のカラー。
'ウエディングマーチ'のような大ぶりのカラーは不向きです。

アガパンサス

立ち姿が優雅で美しい花。
ユリの花に似た青や紫の小さな花をたくさん咲かせます。
押し花にすると花と茎が織りなす表情豊かな仕上がりに。

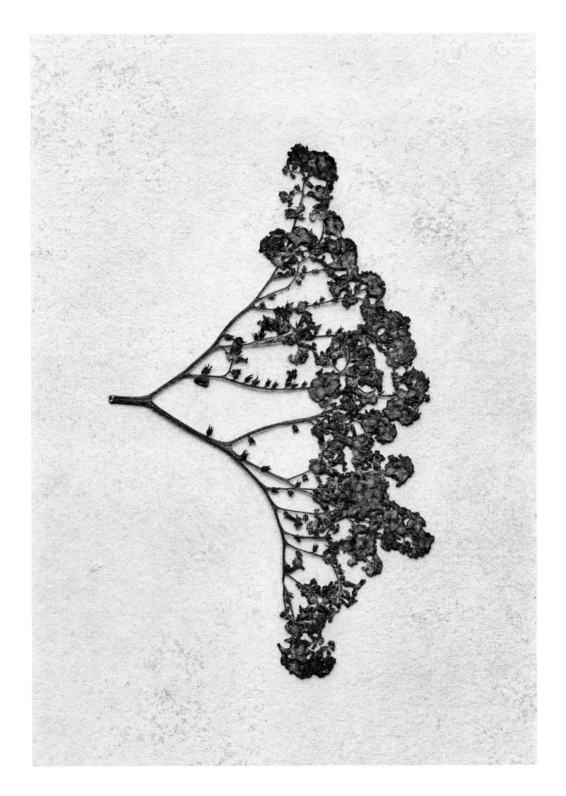

ヘリオトロープ

小さな紫色の花がドーム状に咲きます。
香水の原料になる花ですが、花自体にはそれほど香りはありません。
時間とともに紫〜茶色に花色が変化していきます。

131

キキョウ

青紫色で星形の花が印象的な秋の七草のひとつです。
葉をつけた状態で押し花にすると、
時間とともに色が抜けて白っぽくなっていきます。

ラークスパー

鳥が飛んでいるように見えることからチドリソウという和名も。
1本の茎に縦長に花がつきます。
花つきの茎やつぼみ、花だけを押し花にしていろいろな花姿を楽しみましょう。

アストランチア

星のような花姿が印象的。
カサカサした質感なので押し花にしやすい花です。
花の表や裏など、どこから見ても楽しめる押し花ができます。

ベロニカ

葉がきれいなので花穂といっしょに押し花に。
写真左は灰緑色の葉が特徴の'シルバーシー'という品種。
小枝にして押し花にすると1枚で絵になります。

アブチロン

鐘形の花が上部の葉のつけ根からぶら下がるように咲きます。
赤と黄色のコントラストが愛らしい花色も印象的。
葉といっしょに花のフォルムを生かすように押しましょう。

オカトラノオ

白い小さな花が穂状に咲く山野草。
穂先のつぼみ部分が少し曲がっている姿に風情があります。
お部屋に飾って自然の趣を感じましょう。

ムクゲ

朝に咲いて夜にはしぼむ花。

ひとつの花を楽しめるのは1〜3日ですが、次々に花が咲きます。

押し花にするときは大きな花びらが折れ曲がらないように注意してください。

シロバナシモツケ

もともとは湿ったところに咲く山野草。
茎の先端に4〜5mmの小さな白色の花を房状につけます。
開花と同時に枝先をカットして押し花にすると、きれいに仕上がります。

ノリウツギ

アジサイの仲間の山野草です。
これは原種なので素朴な印象ですが、

栽培種のノリウツギは華やかさがあります。

ヨウシュヤマゴボウ

日本の山野に自生するヤマゴボウもありますが、
道端などの身近で見かけるのはほとんどが帰化植物のこちら。
実に毒があるので、花が咲いたらすぐに押し花にしてください。

143

スモークツリー

花が咲いたあとふわふわとした花穂をつけるので煙の木とも呼ばれます。
水分が少ないので押し花にしやすい花。
黒い点のように見えるのが種です。

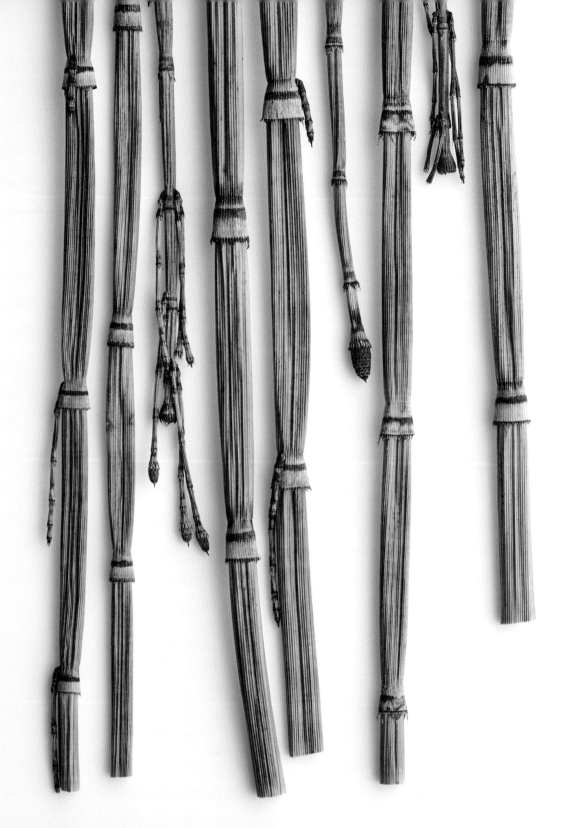

トクサ

直線的にまっすぐ伸びる和風の趣がある植物。
長いので好きなところでカットできるのが魅力です。
節の部分をアクセントにしてレイアウトしましょう。

ヒメガマ

押し花にすると穂の部分が平らになります。
穂の上部は雄花が散った部分、穂は雌花が変化した部分。
ユニークな形が押し花のアクセントに。

Automne

秋の押し花

秋の花はどこか寂しげな雰囲気がしますが、
押し花にすると風情があって趣があるもの。
茎に動きのあるものはそのままに押し花にして楽しみましょう。

トルコギキョウ

色も種類も多彩な花。
水分が多いので、乾燥シートをこまめに替えて。
花を真上から押してきれいな丸い形にしましょう。

ダリア

水分が多く花びらが幾重にも重なっていて押し花にするのは難しい花です。
1か月くらいの間は毎日乾燥シートを取り替えて、
根気よく水分を抜いていくのがきれいに仕上げるコツです。

151

キバナコスモス

夏から秋にかけてずっと花を咲かせます。
あえて葉をつけないで、花だけを押し花に。
花姿が際立って目を引く壁飾りになります。

マーガレットコスモス

花と葉、つぼみを分けると、
レイアウトがしやすくなります。
花は花首のすぐ下を切ってぱっと開いた状態にしましょう。

キンシバイ

江戸時代に渡来した中国原産の花。
枝の先端にうつむき加減に花が咲きます。
押し花にするとたくさんのおしべがアクセントに。

エキナセア

多彩な色合いがあって華やか。
切り花として人気で花束によく使います。
花の形を気にしないで押すといろいろな表情が楽しめます。

157

センニチコウ

花のように見える部分は苞（ほう）と呼ばれる部分です。
色が1000日以上あせないことからこの名がついたという説もあります。
2枚の葉をつけた苞を短く切って押し花にするとキュートな仕上がりに。

サンジソウ

午後3時になったら花が咲くことからこの名に。
枝分かれした花茎の先に小さなつぼみをつけ、そのあとに裂けて花が咲きます。
つぼみがついた状態で押し花にすると愛らしいです。

デュランタ

ギザギザの葉の先に紫色の小さな花を房状に咲かせます。
花がきれいに咲いた茎を選んで押し花にしましょう。
1本でもバランスのいい仕上がりになります。

ノブドウ

野山に生えている野趣あふれる草姿が魅力の植物です。
花は黄色〜グリーンですがあまり目立ちません。
押し花にしたときは葉の葉脈が美しく映えて見えます。

オミナエシ

秋の七草のひとつで秋を代表する山野草。
黄色い清楚な5弁の花が密集して咲く草姿が目を引きます。

時間とともに黄色は濃くなり、茎は茶色へと変化します。

アキノキリンソウ

1枝に小さな花を穂状に咲かせる山野草。
キリンソウとは花のつき方や葉の質感が異なるので別の科目です。
可憐な花姿の押し花が仕上がります。

163

ミズヒキ

祝儀のときに使う水引に似ていることからこの名に。
楚々としてわびさびに通じるような趣があります。
赤い小花がチャームポイントの押し花に仕上がります。

エノコログサ

道端でよく見かけるおなじみの植物で、俗称ネコジャラシ。
夏から秋に緑色の花穂をつけ、この穂で猫をじゃらすと喜びます。
押し花にすると草色が残るのが特徴です。

パンパスグラス

押し花にしてもふわふわとした触感があり、
これだけを額に飾っても存在感があります。
なるべく小さな花穂を選ぶといいでしょう。

Bases

押し花の基礎知識

きれいな押し花を作る際に知っておくべきこと、
飾り方、活用方法までていねいに解説します。
きれいな押し花を作って、最後の最後まで花を楽しみましょう。

押し花に向く花と
向かない花

向く花は水分が少なく厚みがない花。
花だけやつぼみ、枝つきでいろいろ作っておくと額装にしたり、
カードにするときにレイアウトの幅が広がります。
向かない花は水分が多い花や空洞のある花。
花びらが幾重にも重なっているものは初心者には難しいかもしれませんが、
こまめに乾燥シートを取り替えればうまくいくのでやってみてください。

押し花に向く花

アジサイ
フランネルフラワー
キバナコスモス
宿根スターチス
アストランチア
カスミソウ
など

押し花に向かない花

キク
シンビジウム
カラー
など

押し花の作り方

用意するもの

クッションペーパー　乾燥シート
　（「ORS押し花乾燥シートセット」より）
はさみ　　　　　　　シリカゲルシート
ピンセット　　　　　両面テープ
PP袋　　　　　　　　本（重し用）
　　　　　　　　　　セロファンテープ

作り方

1 花をカットしてシートに置く
押し花にする花や枝をはさみで切る。乾燥シートにクッションペーパーをのせ、その上に花を置く。

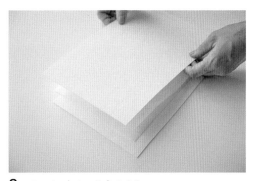

2 ペーパーとシートをのせる
花の上にクッションペーパー、乾燥シートを順にのせる。

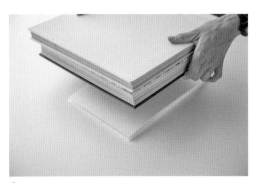

3 重しをのせる
花が動かないように静かに5kgくらいの本をのせる。

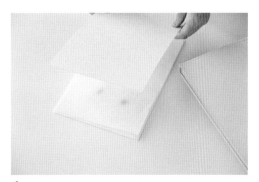

4 ペーパーとシートを取り替える
本をはずしてクッションペーパーと乾燥シートを新しいものに取り替え、再び本をのせる。水分が完全に抜けるまで1〜3週間、これを毎日繰り返す。
＊ 花の水分量や時期によって繰り返す期間は異なる。水分が抜けるまで繰り返す。

保存の方法

1 シートとペーパーにはさむ
乾燥シートにでき上がった押し花をピンセットでのせ、クッションペーパーをのせる。

2 袋に入れる
1をPP袋に入れてシリカゲルシート（3×2cm）を入れる。

3 口を止める
袋の口を乾燥シートに合わせて折り、セロファンテープで留める。

押し花を
もっと楽しむ

ギフトカードやしおりに

厚紙をカードやしおりの大きさにカットして押し花を木工用ボンドで貼ります。
カードは文字と押し花をバランスよくレイアウト。しおりは鳩目で穴をあけて紐を通します。
本にはさんだりギフトボックスに添えて活用しましょう。

使った押し花／ガーベラ、フリチラリア、サクラ

使った押し花／ラナンキュラス、ギリア、ギンヨウアカシア（ミモザ）

使った押し花／ムラサキエノコログサ、ギンヨウアカシア（ミモザ）、クローバー、ビオラ

額装する

額縁に絵を描くようにレイアウトして飾ります。
額縁の種類はいろいろあるので、花の雰囲気やインテリアに合わせて選んでください。
いくつか揃えておくといろいろなシチュエーションで活用できます。

額装に使う道具

額縁
アクリル板
台紙
シリカゲルシート
セロファンテープ
アルミテープ（5㎝幅）

へら
はさみ
木工用ボンド
爪楊枝
ピンセット
アルミ箔

額装のやり方

1 花の配置を決める
台紙に押し花を壊さないように
ピンセットでのせ、1枚の絵に
なるようにレイアウトする。

2 ボンドで貼る
花の配置が決まったら一度はず
す。ボンドを紙に出して爪楊枝
ですくい、花の裏側に少量つけ
て元の位置に貼る。

3 アクリル板をのせる
花をすべてレイアウト通りに貼
り終えたら、アクリル板をそっ
とのせる。

4 アルミテープで固定する
アルミテープを2㎝角に切って
縦横の真ん中4カ所に貼り、仮
固定する。

5 周囲にアルミテープを貼る
アルミテープの幅を半分に切っ
て、台紙全体に貼る。このとき
表側に3㎜ほど出るようにす
る。

6 空気を抜く
貼ったアルミテープの上をへら
でなぞって、台紙のすき間の空
気をきれいに抜く。

7 シリカゲルシートを貼る
台紙の中心に5.5〜7.5㎝にカ
ットしたシリカゲルシートを両
面テープで貼る。

8 アルミ箔で覆って額に入れる
台紙全体を覆うようにアルミ箔
をかけ、セロファンテープで留
める。額に入れて付属の背面板
をのせる。

9 完成

花束を押し花に

花束をもらったら押し花にできる花はすべて押しておくといいでしょう。
ひとつの花束でいろいろなレイアウトができるので、
気分や部屋の雰囲気に合わせて自在に楽しめます。

ナチュラルブーケ
フランネルフラワー、レースフラワー、メド
ーセージ、ユーカリ、ミント、ローズマリー、
ゼラニウム、アストランチア、ユーパトリウ
ム、ワイヤープランツ

白いバラのブーケ
バラ'ポンポンブラン'、アナベル

コースターに

透明のコースターの中にお気に入りの押し花が入っていると愛着もひとしおです。
テーブルに自然の風を運び込んで優しい気持ちになれるのもうれしい。
時間はかかりますが、レジン液をしっかりと硬化させましょう。

使った押し花／上からレースフラワー、スプレーバラ、オオデマリ

用意するもの

レジン液（主剤と硬化剤）
混ぜる容器
シリコンモールド（ここでは8cm角）
はかり
へら（混ぜる用）
ピンセット
押し花

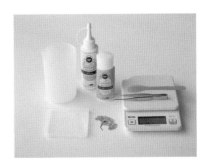

作り方

1 シリコンモールドにピンセットで押し花を置く。

2 容器に主剤10gと硬化剤4gをはかりで量って入れ、へらでよく混ぜる。

＊ 混ぜる割合はメーカーによって異なるので説明書に従ってください。

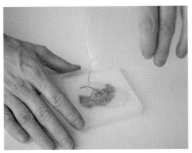

3 1に2を押し花が動かないように注意しながら少しずつ流し入れ、レジン液が硬化するまで24時間以上放置する。

4 完全に硬化したら、もう一度2と同様にしてレジン液を作り、3に流し入れて硬化させる。これを3回繰り返す。

押し花は月日の流れとともに色が変化していきます。
枯れるのではなく、時の流れを目で感じさせてくれるものです。
季節を感じるために四季折々で額を掛け替えたり、
思い出も一緒に額の中に詰め込んだり、
色や形の妙を絵として楽しんだり……。
老若男女、千差万別の楽しみ方ができます。
押し花の無限大の魅力をぜひ、ご自身で感じてみてください。

Index

梶谷奈允子　Namiko Kajitani

フラワーデザイナー＆テーブルコーディネーター
ダイナミックさと繊細さを合わせもち、
花の奥深い可能性を引き出す、独創的なフラワーデザインが特徴的。
2001年、花の本質を知るためにフラワーハンターのもとで植物について研究し、
2003年からはフラワーアーティストのもとで修行。
2006年には株式会社テイクアンドギヴ・ニーズにて、フラワーデザイン部門の統括部長、
オートクチュールデザインのフラワーデザイナーとして国内外の著名人を含む数多くのウエディングを担当。
2016年に独立、その後、「zero two THREE」を設立する。
2017年にはNYで2度の「show the flore」のフラワーデザイナーとして展示会を開く。
カルティエ、ブシュロンなど、ハイブランドの装花をはじめ、コンサートなどの舞台装飾も担う。
2020年からはフォーシーズンズホテル大手町＆京都の装花担当として活躍している。
http://003ztt.com

zero two THREE – Office / Atelier

〒 158-0081 東京都世田谷区深沢 1-41-11

TEL. 03-6432-1636　FAX. 03-6800-2404

MAIL. info@003ztt.com

アトリエはアポイント制になっております。事前にお電話・メールにてご連絡ください。

zero two THREE – Four Seasons Hotel Tokyo at Otemachi

〒 100-0004 東京都千代田区大手町 1-2-1

フォーシーズンズホテル東京大手町 zero two THREE

zero two THREE – Four Seasons Hotel Kyoto

〒 605-0932 京都府京都市東山区妙法院前側町 445-3

フォーシーズンズホテル京都 zero two THREE

アートディレクション＆デザイン
小橋太郎（Yep）

撮影
川上輝明（bean）

撮影アシスタント
上端春菜（bean）

カリグラフィー（p.175、177、179）
山田雅美（musette）

編集
小橋美津子（Yep）

校正
櫻井純子（audax）

Special Thanks
梶谷圭亮（梶谷圭亮建築設計事務所）
zero two THREE スタッフ

美しい押し花図譜

2022年3月8日　発　行　　　　　　NDC793

著　　者　梶谷奈允子
発　行　者　小川雄一
発　行　所　株式会社 誠文堂新光社
　　　　　　〒113-0033 東京都文京区本郷3-3-11
　　　　　　電話　03-5800-5780
　　　　　　https://www.seibundo-shinkosha.net/
印　刷　所　株式会社 大熊整美堂
製　本　所　和光堂 株式会社

©Namiko Kajitani. 2022　　　　　　Printed in Japan

ISBN978-4-416-52231-8